BEI GRIN MACHT SICH IHR WISSEN BEZAHLT

AF140844

- Wir veröffentlichen Ihre Hausarbeit, Bachelor- und Masterarbeit

- Ihr eigenes eBook und Buch - weltweit in allen wichtigen Shops

- Verdienen Sie an jedem Verkauf

Jetzt bei www.GRIN.com hochladen und kostenlos publizieren

Bibliografische Information der Deutschen Nationalbibliothek:

Die Deutsche Bibliothek verzeichnet diese Publikation in der Deutschen National-
bibliografie; detaillierte bibliografische Daten sind im Internet über http://dnb.d-
nb.de/ abrufbar.

Impressum:

Copyright © 2016 GRIN Verlag, Open Publishing GmbH
Druck und Bindung: Books on Demand GmbH, Norderstedt Germany
ISBN: 9783668505728

Dieses Buch bei GRIN:

http://www.grin.com/de/e-book/372283/der-einfluss-der-ernaehrung-auf-entspan-
nung-und-stress

Sven-David Müller

Der Einfluss der Ernährung auf Entspannung und Stress

GRIN Verlag

GRIN - Your knowledge has value

Der GRIN Verlag publiziert seit 1998 wissenschaftliche Arbeiten von Studenten, Hochschullehrern und anderen Akademikern als eBook und gedrucktes Buch. Die Verlagswebsite www.grin.com ist die ideale Plattform zur Veröffentlichung von Hausarbeiten, Abschlussarbeiten, wissenschaftlichen Aufsätzen, Dissertationen und Fachbüchern.

Besuchen Sie uns im Internet:

http://www.grin.com/

http://www.facebook.com/grincom

http://www.twitter.com/grin_com

Ernährung und Entspannung - Entspannungsvitamine für Körper und Seele

von Sven-David Müller, M.Sc.

Entspannungsvitamine – Fördern Sie durch Ihre Ernährungsweise die Entspannung
Auch durch die Ernährungsweise ist es möglich, Stress abzubauen, Stress vorzubeugen und
die Entspannung zu fördern. Damit ist nicht in erster Linie der Stoffwechselstress oder der
Zellstress durch freie Radikale gemeint, sondern vielmehr das psychische Wohlbefinden und
sogar das Schlafverhalten. Wer richtig isst und trinkt, geht entspannt durch den Tag und
kann gut ein- und durchschlafen. Die Ernährungsweise hat in vielfältiger Weise Einfluss auf
unser psychisches Wohlbefinden. Viele Substanzen, die in unseren Nahrungsmitteln
vorkommen, nehmen darauf Einfluss. In diesem Buch sind diese natürlichen
Nahrungsinhaltsstoffe erstmalig unter dem Begriff Entspannungsvitamine zusammengefasst.
Natürlich handelt es sich nicht um Vitamine im eigentlichen Sinne. Aber auch Vitamine
gehören zu den Entspannungsvitaminen. Das sind Substanzen, die für die optimale Funktion
von Gehirn und Nerven wichtig sind, die unseren Körper ohne Stress funktionieren lassen
und die Stress vorbeugen können.

Wichtig ist es, regelmäßig zu essen, um den gesamten Organismus regelmäßig mit allen
Stoffen zu versorgen, die er benötigt. Es ist wenig sinnvoll, einerseits Lebensmittel und
Speisen aufzunehmen, die nicht gut für den Körper sind und seine Versorgung nicht optimal
gewährleisten und dann Nahrungsergänzungsmittel und Arzneimittel zu benötigen. Leider
essen die Menschen in Deutschland anders als sie sich ernähren sollten. Auch der aktuelle
Ernährungsbericht, den die Deutsche Gesellschaft für Ernährung (DGE) im Auftrag des
Bundesernährungsministeriums im Dezember 2008 übergeben und veröffentlich hat, zeigt,
dass viele Menschen zu viel Zucker, Alkohol, gesättigte Fettsäuen aber zu wenig
Ballaststoffe, bestimmte Vitalstoffe und Wasser aufnehmen. Die kalorienreiche
Fehlernährung, die das deutsche Ernährungsverhalten leider bestimmt führt bei immer mehr
Menschen durch den gleichzeitig inzwischen zur Normalität gewordenen Bewegungsmangel
zu Übergewicht. Inzwischen sind rund 50 Prozent der Frauen und fast zwei Drittel der
Männer übergewichtig. Übergewicht führt zu extremen Stresszuständen für die Betroffenen.
Damit ist nicht in erster Linie der psychische Stress gemeint, den sich Übergewichtige durch
ihre großen Fettansammlungen aussetzen, sondern vielmehr der Stoffwechselstress, der
durch Übergewicht hervorgerufen wird. Die Fettzelle ist ein außerordentlich aktiv. Sie
produziert eine Reihe von Botenstoffe, die im menschlichen Körper Entzündungen, Stress
und andere negative Prozesse auslösen. Die Fettzelle sorgt dafür, dass bei Übergewichtigen
zu viel Stresshormone ausgeschüttet werden. Vor diesem Hintergrund ist es für ein
entspanntes Leben von größter Wichtigkeit nicht zu dick zu sein. Übergewicht ist ein echtes
Antientspannungsvitamin. Übergewicht führt im Körper zu entzündlichen Reaktionen und
das wiederum fördert die Ausschüttung von Stresshormonen und Cortison und das macht
nicht glücklich und fördert den Stress! Aber es ist auch wichtig, regelmäßig zu essen.
Andernfalls kommt es zu einer Insulinresistenz, wie aktuelle Studien zeigen. Und ein
erhöhter Insulinspiegel senkt nicht nur den Blutzucker, sondern macht auch hungrig und
dick. Zuviel Insulin im Blut fördert hormonelle Reaktionen, die wenig entspannungsförderlich
sind. Essen Sie also täglich möglichst regelmäßig drei sättigende Mahlzeiten. Das entspannt
und sorgt bei der richtigen Zusammensetzung und Kalorienmenge auch dafür, dass
Übergewicht nichtentsteht oder langsam abgebaut wird.

Um Entspannt zu sein, sollte regelmäßig gegessen werden. Es ist sinnvoll, feste Essenszeiten zu haben und lange Nüchternphasen zu vermeiden. Es ist aber auch ungünstig, ein ausgeprägtes Snackingverhalten an den Tag zu legen. Bezüglich des Ernährungsverhaltens ist es wichtig, dass die Grundbedürfnisse gedeckt werden. Der Körper ist auf eine ausgewogene Zufuhr der lebenswichtigen Nähr- und Wirkstoffe angewiesen. Diese müssen ihm zugeführtwerden. Auch ist es wichtig reichlich zu trinken. Es sollten täglich mindestens 2,5 besser 3 Liter sein. Optimal ist Mineralwasser. In vielen Gegenden ist aber auch das Leitungswasser so gut, dass es problemlos den Flüssigkeitsbedarf decken kann. Sicher sind koffeinhaltige Getränke im Übermaß nicht einem entspannten Leben zuträglich. Auch blähende Speisen wie Kohl, rohes Gemüse, Obst mit Schale, Zwiebeln, Krautsalat, eine große Rohkostplatte, frisches Hefebrot, Kidneybohnen und viele andere Hülsenfrüchte (außer Soja) gemieden werden. Grundsätzlich sollte eine Kost, die reich an Entspannungsvitaminen ist, in jeder Mahlzeit Kohlenhydrate, hochwertige Fett (Omega-3-Fettsäuren) und Proteine enthalten. Auch Kräuter und Gewürze sind für die Entspannung wichtig. Die Kost sollte wohlschmeckend sein. Es ist wichtig, Getränke warm aber nicht heiß und sicher nicht eiskalt aufzunehmen. Warme Getränke sind eine Wohltat für die gesamten Organismus. Alkohol gehört nicht zu einer entspannten Ernährungsweise. Oft sind minimalistische Speisen wie Pellkartoffeln mit Quark besonders lecker und entspannend für Körper und Seele. Das trifft insbesondere dann zu, wenn der Quark mit hochwertigem Leinöl angereichert ist. Neben blähenden Speisen, zu heißen und zu kalten Getränken sollte Koffein im Übermaß gemieden werden. Gönnen Sie sich eine kreative Küche, die auch Exotisches, Gewürzen und Kräutern die die Sinne anregen, einschließt. Beim Kochen und Essen auf die Intuition vertrauen, kleine Dinge sorgen für Wohlbefinden – bei Durst Wasser, bei Hunger leckeres Brot, sich die Auswahl gönnen, anregen aber nicht aufregen, kein Snacking, sondern Mahlzeit vorbereiten, zubereiten, essen. Gemeinsam essen – Single-Snacking – jeden Tag Festtagsessen, essen darf nicht stressen, genießen und nicht konsumieren.

Gerade in der Kräutermedizin stecken viele Möglichkeiten, das Wohlbefinden zu steigern. Ein wichtiges Beispiel dafür ist das Johanniskraut. Es zählt zu den ältesten Heilpflanzen überhaupt. Viele Studien beweisen die Wirksamkeit bei leichten und mittelschweren Depressionen. Bis die Wirksamkeit eines pflanzlichen Medikaments wissenschaftlich untermauert ist, kann es ein weiter Weg sein - wie auch das Beispiel Johanniskraut zeigt. Produkte aus der gelb blühenden Pflanze mit dem lateinischen Namen Hypericum perforatum sind in Deutschland bereits seit 1984 zur Anwendung bei depressiven Verstimmungen zugelassen. Wissenschaftler haben inzwischen beobachtet, dass die pflanzlichen Inhaltsstoffe die Wirkdauer von Botenstoffen im Belohnungszentrum des Gehirns verlängern - ähnlich wie einige synthetische Antidepressiva. Dennoch nährte 2005 eine systematische Analyse der Fachliteratur Zweifel an der Wirksamkeit von Johanniskraut-Präparaten. Der Vergleich mehrerer Studien zeige widersprüchliche Ergebnisse, hieß es in einem Beitrag für die Cochrane Collaboration, ein internationales Netzwerk von Wissenschaftlern, die die Datenlage zur Wirksamkeit von Medikamenten kritisch prüfen. Das Institut für Qualität und Wirtschaftlichkeit im Gesundheitswesen (IQWiG), das im Auftrag der Bundesregierung arbeitet, stellte ebenfalls fest, dass die Wirkung von Johanniskraut-Präparaten unterschiedlich ist. Im Juni teilte das Institut mit, dass bestimmte Produkte leichte Depressionen mildern könnten - schwere hingegen nicht.

Entspannungsvitamine – Essen gegen den Stress und für mehr Entspannung!
Essen und Trinken hält Leib und Seele zusammen. Und Liebe geht durch den Magen. Die Entspannung, das Glückempfinden und das Wohlbefinden steht also in engem Zusammenhang der Ernährungsweise. Es ist also möglich, sich glücklich zu essen und zu trinken. Entspannung ist ein Gefühl, das durch verschiedenste Einflüsse entsteht. Aus physiologisch medizinischer Sicht, ist für die Entstehung von Entspannung aber auch in hormoneller Hinsicht eine Einfluss möglich. Ohne Entspannungsvitamine helfen auch Phantasiereisen nicht, denn ohne die Grundbausteine für optimale Prozesse im menschlichen Körper läßt sich kein Entspannung empfinden. An erster Stelle muss der Bedarf an den lebenswichtigen Nahrungsinhaltsstoffen sowie Wasser gedeckt sein. Essen und Trinken sind Grundbedürfnisse, ohne die Entspannung und die Abwehr oder Minderung von Stress nicht stattfinden kann. Mit größtem Hunger läßt sich Entspannung kaum empfinden. Und bei Menschen, die unter Wassermangel leiden, geht es nicht um Entspannung oder Stress, sondern ums nackte Überleben. Eine Reduktionsdiät geht selten mit ausgeprägten Entspannungsgefühlen einher. Das ist auf den Kalorienmangel, die Nichtbefriedigung von Bedürfnissen sowie den Mangel an Entspannungsvitaminen zurückzuführen. Zu den Entspannungsvitaminen neben speziellen Kräuter und Gewürzen gehören:

Vitamine:
-Folsäure
-Vitamin B2
-Vitamin B6
-Vitamin B12
Nährstoffe:
-Kohlenhydrate
-Proteine
-Aminosäuren Tryptophan
-Fette
-Omega-3-Fettsäuren
Sonstige Nahrungsinhaltsstoffe:
-Serotonin
-Theobromin
-Koffein
-Anadamid
-Phenylethylamin

Wichtig gegen Stress: Die richtige Ernährung.
Viel trinken ist wichtig. Aber bitte nicht reichlich Kaffee oder Alkohol, sondern (Mineral)Wasser, Früchte- oder Grüner Tee (eventuell lang gezogener schwarzer Tee) oder verdünnte Obst-Säfte oder auch Gemüsesäfte wie Tomatensaft. Ausreichende Flüssigkeitszufuhr sorgt für eine gute Versorgung des Gehirns mit Nährstoffen und Sauerstoff. Vitamin C und andere Vitalstoffe sind bei Stressattacken besonders gefährdet. Verliert der Körper zu viel Vitamin C, wird das Immunsystem geschwächt. Frisches Obst kann diesem Mangel vorbeugen. Für die Versorgung mit Mineralstoffen, Vitaminen und Kohlenhydraten empfiehlt sich eine ausgewogene Ernährung aus Gemüse, Obst, Salaten, Vollgetreide, Hülsenfrüchten, Milchprodukten und Fleisch. Aber was genau macht uns entspannt: Die Geschmackswahrnehmung selbst ist von Bedeutung. Dabei ist besonders die

Geschmacksrichtung süß wichtig. Das die der Geschmack, den der Mensch als erstes nach der Geburt wahrnimmt und gut findet und dieser Geschmacksreiz bleibt auch bis ins hohe Alter erhalten. Regelmäßig essen ist für das Gehirn und seine Versorgung wichtig:

Entspannungsmahlzeiten:
-Frühstück (beispielsweise um 8.00 Uhr)
-Mittagessen (beispielsweise um 13.00 Uhr)
-Abendessen (beispielsweise um 18.00 Uhr)

Meiden Sie Zwischenmahlzeiten und Snacks. Wichtig ist es, dem Organismus regelmäßig alle vier bis fünf Stunden Nahrung anzubieten. Der Körper benötigt einige Zeit diese zu verwerten und alle Zellen entsprechend zu verwerten. Zwischenmahlzeiten und unregelmäßiges Essen bringen Ihren Hormonhaushalt durcheinander und ermöglichen keine optimale Versorgung aller Zellen mit Glücksvitaminen. Natürlich dürfen Sie zwischendurch soviel Wasser und Gemüse in roher und gekochter Form verzehren, wie Sie möchten. Aber möglichst keine Lebensmittel, die reich an blutzuckerwirksamen Kohlenhydraten sind. Das sind Lebensmittel mit einem niedrigen glykämischen Index, der umgangssprachlich oft als GLYX bezeichnet wird. Ein ständiges Auf und Ab des Blutzuckerspiegels, das Stress für den Organismus darstellt, sollte vermieden werden.

Ein konstanter Blutzuckerspiegel ist wichtig für Wohlbefinden und Gesundheit. Der läßt sich durch eine Kost mit einem normalen glykämischen Index oder einer relativ niedrigen glykämischen Last einfach erreichen. Essen Sie also bevorzugt Gemüse, Frischobst, Vollkornprodukte, Pellkartoffeln und Hülsenfrüchte. Bei den kohlenhydratarmen und kohlenyhdratarmen Lebensmitteln sind Seefisch, Geflügelfleisch ohne Haut sowie magere Milch und Milchprodukte sowie Wurst, mageres Fleisch, magerer Käse sowie Hühnereier besonders wertvoll. Setzen Sie nicht in erster Linie Fertigprodukte, Fastfood, Süßigkeiten und alkoholische Getränke auf Ihren Speiseplan. Fertigprodukte sind oftmals reich an Zusatzstoffen, die nicht immer eine positive Wirkung auf die Gesundheit ausüben. In jedem Falle meiden sollten Sie Produkte, die Geschmacksverstärker wie Glutamat enthalten. Diese Substanz führt zur Insulinresistenz. Wichtig ist es auch, dass in Ihren Hauptmahlzeiten jeweils ein süße und eine deftige Komponente vorkommt und Sie niemals „eindimensional" also nur süß oder nur deftig essen. Das fördert nämlich Appetit, Hunger, Übergewicht und Mißempfinden. Eine glücklichmachende Mahlzeit enthält süß und deftig. Dieses Verlangen ist evolutionär leicht zu erklären. Der Mensch ist auch Kohlenhydrate und Proteine angewiesen. Und grundsätzlich schmecken kohlenhydratreiche Lebensmittel eher süßlich und proteinreiche eher deftig. Der Körper verlangt daher nach beiden Geschmackskomponenten.

Es ist dabei schon ausreichend süßes Obst oder einen deftigen Tomaten-Kefir-Drink in die Mahlzeit einzubauen. Oder einen Kräuterquark oder eine süße Quarkspeise. Ein ideales Frühstück enthält sowohl ein Hühnerei als auch ein Marmeladenbrötchen. Ein optimales Mittagessen Fisch, Geflügel oder Fleisch sowie einen Schokoladenpudding. Und ein Abendessen ein deftiges Vollkornbrot mit Harzer Käse und ein Glas Erdbeerbuttermilch. Ein Glücksvitamin, dass essbar ist, ist das lebenswichtige B-Vitamin Folsäure. Praktisch alle Menschen in Deutschland nehmen nach Untersuchungen der Deutschen Gesellschaft für Ernährung (DGE) zu wenig Folsäure auf. Das Vitamin ist wichtig für die Bildung von Blut-, Zell- und Erbsubstanz. Aber erst durch das Zusammenwirken mit den Glückvitaminen B2, B6 und B12 kann die Folsäure die schädliche Substanz Homocystein in den Gute-Laune-Stoff Methionin umwandeln. Das macht glücklich und schützt das Herz. Reich an Folsäure sind insbesondere grünblättrige Gemüsesorten wie Spinat, Mangold und Blattsalate wie Endivie oder Rauke (Rukola). Aber auch Erdbeeren, Tomaten, Sojasprossen, Bierhefe und Vollkornprodukte sind folsäurereich.

Bierhefe sorgt für mehr Entspannung

Die Bierhefe ist aber nicht nur reich an Folsäure. Sie enthält vielmehr auch die glücksförderlichen Vitamine B2, B6 und B12. Da Folsäure auch reich an wichtigen Mengen- und Spurenelementen ist, ist sie wichtig für schöne Haare, Haut und Fingernägel. Es ist also nicht übertrieben, wenn Ernährungswissenschaftler feststellen, dass Bierhefe schön und glücklich macht. Vitamin B1, das reichlich in Bierhefe vorkommt, wird wissenschaftlich auch als Thiamin bezeichnet. Dieses wasserlösliche Vitamin ist in der Lage, den Süßhunger zu stoppen. Der beste Vitamin B1-Lieferant ist Bierhefe. Thiamin ist auch sonst ein echter „gute Laune Stoff". Studien zeigen, dass ein Vitamin B1 – Mangel zu Heißhunger führt. Das wässerlösliche Vitamin ist besonders empfindlich gegen Hitze und auch Sauerstoff. Auch Wassereinwirkung hält es nicht lange Stand. Dabei ist das Vitamin wichtig für einen guten Nervenstoffwechsel. Besonders reichlich kommt Thiamin in Bierhefe, Schweinefleisch und Weizenkeimen vor. Studien zeigen, dass ein Mangel daran zu Heißhunger – insbesondere auf Süßes – hervorruft. Süßhunger ist für viele Menschen quälend. Manche behaupten sogar, dass sie süchtig nach Schokolade und Co sind. Das ist zwar ausgeschlossen, aber allein der Appetit auf diese Fettbombe ist schon quälend. Oft ist dieser auf einen Vitamin-Mangel zurückzuführen. Wissenschaftliche Untersuchungen konnten zeigen, dass der Vanillegeruch und -geschmack das Verlangen nach Schokolade vermindern kann. Schokoholics sollten also regelmäßig mit echter Vanille zubereitete Speisen und Getränke verzehren und trinken. Sinnvoll ist es auch Vanille-Parfumöl zu verwenden, um den Appetit auf Schokolade vorzubeugen. Und wenn der Appetit selbst damit nicht mehr zu beherrschen ist, sollte möglichst eine bittere Schokolade mit hohem Kakaogehalt gegessen werden.

Entspannung geht – auch – durch den Magen

Die Botenstoffe der guten Laune sind Endorphine und Serotonin. Endorphine sind körpereigene Glückhormone, die in einen Rausch führen können, aber auch einfach glücklich machen und Schmerzen vermindern. Sie haben eine ähnliche Wirkung wie Opium. Endorphine sind für die Weiterleitung und Verarbeitung von Nervenimpulsen notwendig. Endorphine führen zu Wohlbefinden und Glückgefühlen. Es ist also wichtig, regelmäßig aber mäßig die Endorphin-Ausschüttung auszuregen. Das ist beispielsweise durch einen kurzen Dauerlauf oder eine andere Ausdauerbelastung möglich. Sport führt zur Ausschüttung von Endorphinen. Ein Endorphin-Mangel löst Trauer aus. Endorphine werden übrigens auch beim Sex oder beim Bungee-Jumping ausgeschüttet. Haferflocken enthalten das als Nervenvitamin bezeichnete Vitamin B1. B2 hemmt die Stresshormone in ihrer Aktivität und ist reichhaltig in Joghurt, Eiern, Pilzen, Produkten aus Vollkorn und Sonnenblumenkernen enthalten.

Vitamin B1 Reiche Lebensmittel

Hefe 2,33 mg/100 g 288 kcal/100 g

Weizen Keim 2,01 mg/100 g 314 kcal/100 g

Sonnenblumenkern frisch 1,90 mg/100 g 575 kcal/100 g

Paranuß frisch 1,00 mg/100 g 660 kcal/100 g

Reiscrispies 1,00 mg/100 g 378 kcal/100 g

Tomatenketchup 1,00 mg/100 g 110 kcal/100 g

Braunschweiger Mettwurst 0,98 mg/100 g 365 kcal/100 g

Sojabohnen getrocknet 0,97 mg/100 g 416 kcal/100 g

Nüsse frisch 0,90 mg/100 g 562 kcal/100 g

Schwein Fleisch mager (ma) 0,90 mg/100 g 136 kcal/100 g

Sesam frisch 0,88 mg/100 g 559 kcal/100 g

Pinienkern frisch 0,81 mg/100 g 576 kcal/100 g

Schwein Schnitzel 0,80 mg/100 g 107 kcal/100 g

Hülsenfrüchte reif 0,76 mg/100 g 278 kcal/100 g

Sojabohne geröstet 0,75 mg/100 g 359 kcal/100 g

Hafer Flocken 0,59 mg/100 g 370 kcal/100 g

Vitamin B2 reiche Lebensmittel

100 g Weizen Keim 0,7 mg

100 g Reiscrispies 1,3 mg

100 g Sanddornbeere Konzentrat 0,9 mg

100 g Hartkäse Magerstufe 0,6 mg

100 g Hefe 4,5 mg

100 g Rind Leber gegart 3,4 mg

100 g Kalb Leber gegart 3,1 mg

Haferflocken enthalten das als Nervenvitamin bezeichnete Vitamin B1. B2 hemmt die Stresshormone in ihrer Aktivität und ist reichhaltig in Joghurt, Eiern, Pilzen, Produkten aus Vollkorn und Sonnenblumenkernen enthalten. Spinat, Walnüsse, Bananen, Avocados und Geflügel enthalten viel Vitamin B6, das nach einer Stressattacke viel positive Energie liefert. Hühnerleber, Makrelen, Heringe, Eier und Milchprodukte liefern das Vitamin B12, das die Nerven stärkt. Mineralstoffe machen das Immunsystem resistenter gegen Stress und werden mit Hülsenfrüchten, Bananen, Salaten, Kohl, Milch, Äpfeln, Kohlrabi und Vollkornprodukten aufgenommen. Zudem ist eine ausreichende Flüssigkeitszufuhr nicht zu vergessen, damit das Gehirn gut mit Nährstoffen und Sauerstoff versorgt werden kann.

Harzer Käse ist Nervennahrung!

Harzer Käse ist einfach freundlich zur Figur und macht uns glücklich. Die fettärmste Käsesorte überhaupt ist der Harzer Käse. Dieser Sauermilchkäse enthält gerade einmal 0,5 Prozent Fett. Das ist 60-mal weniger Fett als die meisten Schnittkäsesorten. Und Harzer Käse ist preiswert. Sie sparen also auch noch, wenn Sie sich figurfreundlich ernähren. Aber Harzer Käse ist nicht nur ein Kalorienkiller und ein idealer Begleiter jeder Diät, sondern er enthält auch hochwertiges Eiweiß und viele lebenswichtige Aminosäuren, die für die Bildung von Glückhormonen wichtig sind. Aber Harzer Käse ist nicht nur der fettärmste Käse überhaupt. Er hat viele wichtige Vitalstoffe und auch noch reichlich davon. Er ist reich an Kalzium und das hilft aktuellen Studien zufolge bei der Gewichtsreduktion und schützt die Knochen vor Osteoporose. Außerdem enthält er viele wichtige Vitamine, die für einen optimalen

Stoffwechsel notwendig sind. Harzer Käse ist also freundlich zur Figur sowie Gesundheit und enthält Entspannungsvitamine.

Endorphine sind der Schlüssel zum Glück

Der Endorphin-Haushalt des menschlichen Körpers wird aber entscheidend durch die Ernährung und die darin enthaltenen Glücksvitamine bestimmt. Insbesondere der Botenstoff Serotonin, der wie Endorphine wirkt, gibt als ernährungsabhäniger Glückbringer. Er verlängert die gesunde Tiefschlafphase, senkt die Schmerzempfindlichkeit und weckt die Freude. Damit im Organismus ausreichend Serotonin gebildet werden kann, ist es wichtig, dass ausreichend Tryptophan aufgenommen wird. Tryptophan ist eines der wichtigsten Glückvitamine überhaupt. Tryptophan ist ein Eiweißbaustein (Aminosäure). Damit Tryptophan in ausreichender Menge ins Gehirn gelangen, braucht es aber genügend Kohlenhydrate. Die leichtere Variante ist eine Portion Pellkartoffeln mit Kräuterquark. Dieses Gericht enthält reichlich Tryptophan und Kohlenhydrate, die den Organismus gleichmäßig versorgen. Kohlenhydrate und Insulin fördern den Tryptophaneinstrom ins Gehirn, was zur Serotoninbildung führt. In Stress-Situationen und depressiven Phasen ist es daher wichtig, kohlenhydrathaltige Nahrung und proteinreiche Lebensmittel aufzunehmen.
Entspannungsvitamin-Tipp: Die Getreidesorte Dinkel aber auch Hülsenfrüchte wie Soja aber auch Nüsse (insbesondere kalifornische Walnüsse), fettarme Milchprodukte, fettarmes Fleisch und See-Fisch lassen den Serotonin-Spiegel und die Stimmung steigen!
Das Hormon Insulin fördert die Aufnahme von Tryptophan in das Gehirn. Daher sollten Mahlzeiten immer Kohlenhydrate und Proteine enthalten. Damit ist eine Tryptophanzufuhr gewährleistet und durch die Kohlenhydrate schüttet die Bauchspeicheldrüse Insulin aus. Damit kann das Glückhormon Serotonin gebildet werden. Und das macht glücklich.
Aber es dürfen mit der Nahrung auch nicht zu viele Proteine aufgenommen werden. Ein 1-Pfund-T-Bone-Steak liefert sicher zu viele Proteine, was die Bildung von Serotonin sogar wieder vermindert. Bananen machen übrigens glücklicher als Schokolade, da hier Kohlenhydrate und Tryptophan in ausgewogener Menge vorkommen. Aber auch Fisch ist ein echter Gute-Laune-Bringer. Die in vielen Fischsorten enthaltenen Omega-3-Fettsäuren fördern die Serotoninbildung. Besonders reich an Omega-3-Fettsäuren sind fette Fischsorten wie Lachs, Hering, Makrele oder Matjes.

Serotoninhaltige Lebensmittel

Obst : Ananas, Avocado, Banane, Dattel, Feige und Papaya (im frischen Zustand)
Getreide: Roggen, Weizen, Haferflocken, Naturreis
Gemüse: Feldsalat, Kopfsalat, Porree, Petersilie, Rote Beete, Spinat, Tomate, Zwiebel
Fisch und Meeresfrüchte :Gold-Barsch, Bach-Forelle, Garnelen, Hering, Kabeljau (Dorsch), Karpfen, Wild-Lachs, Languste, Makrele, Miesmuscheln, Sardine, Schellfisch, Scholle, Seelachs, Seezunge, Tunfisch
Fleisch: Hühnerfleisch, Rind, Schwein
Milchprodukte und Eier: Hühnereier, Buttermilch, Harzer Käse, Frischkäse, Magerquark, Kochkäse, Milch und Joghurt
Nüsse, Hülsenfrüchte und Kerne: Cashewkerne, Erdnüsse, Haselnüsse, Mandeln, Paranüsse, Walnüsse

Bestimmte Obstsorten wie Bananen, andere exotische Früchte wie Ananas, frische Feigen, Papaya und auch Avocados liefern neben wertvollen bioaktiven Substanzen (sekundäre Pflanzenstoffe), Vitaminen und Mineralstoffen gleich gute Laune mit, denn sie enthalten den Gute-Laune-Botenstoff Serotonin.

Kohlenhydratreiche Lebensmittel gegen Stimmungstiefs

Grundsätzlich ist die Zufuhr für das menschliche Befinden von großer Wichtigkeit. Im Winter ist der Serotoninspiegel im Blut niedriger als im Sommer. Die Sonneneinstrahlung ist für die Hormon- oder Botenstoffbildung von besonderer Wichtigkeit. Daher sollte man grundsätzlich die Haut auch der Sonnenstrahlung aussetzen. Aber nicht zu viel und nicht zu lange, da sonst Hautkrebs droht. Der Steuerungsmechanismus hängt von der Intensität des Lichtes und der Dauer der Tagesstunden ab. Im Frühling geht unser Stimmungsbarometer also automatisch hoch und wir fühlen uns wohl. Viele Menschen gehen im Winter auch unter das Solarium um dem Winter-Blues vorzubeugen.

Schokolade macht wenig Glück und oft ziemlich dick!

Der wohl bekannteste aber gleichzeitig auch problematischste Stimmungsmacher ist der Griff zur Schokolade, der zur Steigerung des Serotoninspiegels im Gehirn führt. Aber Schokolade macht dadurch nicht nur glücklich, sondern dauerhaft auch dick und krank, denn kaum ein Lebensmittel enthält soviel Zucker und Fett. Wer Schokolade zum „Glücklichsein" braucht, sollte auf eine bittere Schokolade mit mindestens 70 Prozent Kakao zurückgreifen. Übrigens enthält Kakao Inhaltsstoffe, die sogar in der Lage sind, den Blutdruck effektiv zu senken. Das ist für Bluthochdruck-Patienten wichtig. Bei Diabetikern sind die blutdrucksenkenden Effekte besonders ausgeprägt. Daher gibt es in Apotheken und Reformhäusern inzwischen schon Präparate, die die blutdrucksenkenden und gefäßschützenden Stoffe enthalten. Die in der Schokolade enthaltenen Kohlenhydrate bewirken eine Insulinfreisetzung und das ist ja wichtig, um die Serotinbildung aus Tryptophan zu fördern. Aber nicht zuviel, denn einige Stücke machen glücklich, viele Tafeln aber fett.

Schokolade im Vergleich

Lebensmittel	Menge	Energie	Fett
	G	kcal	g
Milchschokolade	100	536,6	31,5
Vollmilch-Nuss	100	521,7	32,4
Zartbitterschokolade	100	496,7	32,7
Bitterschokolade	100	394,6	18,5
Schokolade weiß	100	542,1	30,1

Aber Schokolade enthält noch eine Reihe weiterer Substanzen, die glücklichmachend sind: Im Gehirn wirken bestimmte Bestandteile der Schokolade:
· Theobromin und Koffein
· Anadamid und Phenylethylamin

Rund ein bis zwei Prozent des Kakaos machen die Glücksvitamine Theobromin und Koffein aus. Beide Stoffe bewirken eine Stimulation des zentralen Nervensystems, fördern die geistige Leistungsfähigkeit und vermindern die Müdigkeit. Koffein kommt aber auch in weniger kalorienreichen Speisen und Getränken vor. Daher sind auch Tee und Kaffee im Rahmen einer Glücksernährung wichtig.

Zusatzinformationen: Schokolade macht etwas glücklich, aber deutlich fettleibig

Die Ernährungswissenschaftler des Deutschen Instituts für Ernährungsmedizin und Diätetik decken das Ammenmärchen von der Schokolade als Glücksdroge auf. Die Sucht nach Schokolade auf Grund ihrer glücklichmachenden Wirkung kommt zum einen denen entgegen, die für ihren hohen Verzehr ein Alibi benötigen und denen, die selbige verkaufen und ihre Umsatzzahlen im Blick haben. Diesen Schokoladenliebhabern kommt der minimale Gehalt von Phenylethylamin, einem Stoff, der auf die Neurotransmitter im Gehirn wirkt und so als amphetaminähnlicher Stoff Gefühle der Euphorie hervorrufen kann, sehr entgegen. Schokoladenliebhaber können ihre Hilflosigkeit im Kampf gegen die Lust auf den braunen Schmelz nun doch angeblich wissenschaftlich belegen. Das ist ja praktisch! Und das wiederum freut natürlich die Hersteller. Tatsächlich ist der Gehalt an Phenylethylamin so gering, dass eine Wirkung auf die Glückshormone wie Serotonin zu vernachlässigen ist. Käse hat etwa den gleichen Gehalt an Phenylethylamin, doch niemand kommt auf die Idee zu behaupten, Käse mache glücklich, so Junghans. Weniger bekannt als die glücksbringende Wirkung des Phenylethylamin ist seine auslösende Wirkung von Migräneattacken. Schokolade besitzt eine enorme Anziehungskraft dadurch, dass sie süß ist, auf der Zunge schmilzt und einen sehr sinnlichen Genuss bietet. Diese Empfindung kann eine noch so leckere und aromatische Tomate niemals auslösen. Der gute Geschmack und der Genuss beim Zergehenlassen auf der Zunge ist verantwortlich für die gesteigerte Lust auf mehr Schokolade, nicht aber der Suchteffekt nach einem chemisch gesteigertem Glücksgefühl. Das mouthfeeling der Schokolade ist für viele unwiderstehlich. Betrachten wir Schokolade einmal nicht von ihrer sensitiven Seite sondern ganz nüchtern nach ernährungsphysiologischen Gesichtspunkten, so bleiben bei 100 Gramm (eine Tafel) Vollmilchschokolade 556 Kilokalorien, 9,2 Gramm Eiweiß, 30 Gramm Fett und 56 Gramm Zucker übrig. Diese Zahlen sagen ganz eindeutig: Schokolade macht in erster Linie fett

Lipamine stärken Gehirn!

Lipamine gehören zur Gruppe der Phospolipide. Der bekannteste Vertreter ist das Lecithin. Lipamine werden insbesondere aus Sojabohnen gewonnen. In der modernen Wissenschaft kommt diesen Substanzen eine große Bedeutung zu, da Sie die Gehirnfunktion verbessern, den Cholesterinspiegel senken und nachweislich gegen Entzündung wirken. Bisher ist Lecithin und hier die Lipamine insbesondere als Cholesterinsenker bekannt. Aber sie helfen auch, dass wir uns glücklich fühlen können, da sie die Versorgung und das Funktionieren des Gehirns verbessern. Sie fördern den gesunden Gehirnstoffwechsel und verknüpfen die Schaltzentralen der Zellen miteinander, sodass das Gehirn sozusagen besser funktioniert. Außerdem fördern Lipamine die kognitive Leistungsfähigkeit des Gehirns und beugen Konzentrationsstörungen vor. Inzwischen werden sie in den USA auch oft bei Menschen, die unter Depressionen leiden, eingesetzt, da sie helfen, Glück wahrzunehmen und zu verarbeiten.

Proteine und Aminosäuren sind Schlüssel zum Glück und zur Entspannung

Die eigentlichen Glücksboten sind die Aminosäuren. Eiweiß ist der wichtigste Bestandteil der lebenden Substanz. Proteine setzen sich aus Aminosäuren zusammen. Das sind die Bausteine der Proteine, die umgangssprachlich als Eiweiße bezeichnet werden. Damit ist nicht das Eiklar, sondern vielmehr der Nährstoff Eiweiß gemeint. Es gibt lebenswichtige und entbehrliche Eiweißbausteine. Die Aminosäuren sind wichtig, um Botenstoffe, die glücklich machen, aufbauen zu können. Das wichtigste Glücksvitamin ist die Aminosäure Tryptophan. Der renommierte Aminosäureforscher Professor Dr. Jürgen Spona aus Wien konnte in der einer wissenschaftlichen Untersuchung am Menschen eindeutig nachweisen, dass die Verabreichung von Aminosäuren die Befindlichkeit bei Depressiven verbessert. Sogar die Medikamentendosis konnte durch die Gabe von Aminosäuren verringert werden. Vor der Gabe von Aminosäuren empfiehlt der international anerkannt Forscher Spona die Bestimmung des Aminosäurestatus, um festzustellen, welche Aminosäure in welcher Menge zugeführt werden sollte. Der Forscher Jürgen Spona beschäftigt sich im Vitalogic-Institut intensiv mit der Wirkung von Aminosäuren auf den menschlichen Organismus und publiziert seine Ergebnisse in wichtigen medizinischen Fachzeitschriften. Die Aminosäure Phenylalanin produziert das Hormon Noradrenalin. Es macht glücklich und stimmt uns optimistisch. In weiteren Stoffwechselschritten entsteht das Kreativitätshormon ACTH - der Kopf wird wach.

Spona konnte nachweisen, dass neben Tryptophan auch andere Aminosäuren wichtig für das menschliche Befinden sind. Dazu gehören insbesondere die Eiweißbausteine Phenylalanin, Tyrsoin und Methionin. Viele Menschen in Deutschland leiden unter einer zu geringen Zufuhr dieser wichtigen Aminosäuren und in vielen Fällen ist eine Nahrungsergänzung damit sinnvoll. Bei Menschen mit Missstimmungen in jedem Falle. Damit der Körper aus Trytophan Serotonin aufbauen kann, muss auch die Vitamin B3 Versorgung optimal sein. Andernfalls zieht der Stoffwechsel zur Bildung dieses Vitamins Tryptophan heran, das dann nicht mehr für den Aufbau von Serotonin zur Verfügung steht. Für die Produktion der psychoaktiven Aminosäuren ist auch der Mineralstoffe Magnesium, das Spurenelement Mangan und Vitamin C notwendig. Die Glucksvitamine Anadamid und Phenylethylamin befinden sich beispielsweise auch in Haschisch und Morphium und steigern unser Glücks- und Lustempfinden. Die in Schokolade gefundenen Mengen sind allerdings so gering, dass keinerlei Suchtgefahr besteht. Damit die Hormonbildung und die Übertragung von Reizen optimal funktionieren kann, sind aber noch viele weitere Substanzen notwendig. Dazu gehören auch die sogenannten Biokatalysatoren, die die bestimmte wichtigen Stoffwechselreaktionen in Gang setzen. Zu bedeutungsvollsten Biokatalysatoren gehört das lebenswichtige Spurenelement Zink. Viele Menschen in Deutschland leiden unter Zinkmangel. Das Spurenelement kommt reichlich in Austern, Meeresfrüchten, Innereien wie Leber und Rindfleisch vor. Menschen, die unter Stress leiden und die unglücklich sind, haben oft eine unzureichende Zinkversorgung. Zink ist maßgeblich am Aufbau von Eiweißstrukturen aus Aminosäuren beteiligt. Fehlernährung, Stress, übertriebener Sport, Fasten, die Einnahme von Medikamenten und regelmäßiger (auch geringer) Alkoholkonsum reduzieren den Zinkspiegel dramatisch. Es ist sinnvoll, täglich 15 bis 30 Milligramm Zinkhistidin oder Zinkoratat einzunehmen. Diese organischen Zinkverbindungen sind für den Menschen besonders wertvoll. Zink ist notwendig für den reibungslosen Ablauf des Funkverkehrs im Hirn. In Meeresfischen ist vor allem die Omega-3-Fettsäure enthalten. Diese fördert bereits in der Muttermilch die Entwicklung des kindlichen Gehirns und steigert auch die Gehirnfunktion im höheren Alter. Es hat eine ähnliche Wirkung wie Lipamine. Ideal ist die Kombination aus Lipaminen und Omega-3-Fettsäuren. Chronisch schlecht gelaunte

Menschen haben beispielsweise meist einen zu niedrigen Magnesiumspiegel. Erschöpfte, müde und zu Unlust neigende Leute leiden häufig an Eisenmangel. Es ist unmöglich, aus dem Vollen zu schöpfen, wenn die Speicher an lebensnotwendigen Mikronährstoffen leer sind, wenn ein Defizit an Vitalstoffen (Vitaminen, Mineralstoffen und sekundären Pflanzenstoffen) oder ein zu niedriger Spiegel an Eiweissbausteinen (Aminosäuren) besteht. Besonders wichtig fürs Wohlbefinden ist auch Magnesium: Es hilft dem vegetativen Nervensystem und ist ein Schutzschild gegen Stress. Menschen, die unter Migräne leiden, profitieren von der hochdosierten Einnahme von Magnesium.

Zusatzinformation: Ein Mangel an Aminosäuren entsteht nach Jürgen Spona beispielsweise durch Stress, Krankheiten oder Wachstums- und Alterungsprozesse. Durch eine geregelte Zufuhr von Aminosäuren wird sowohl die physische als auch die mentale Leistungsfähigkeit des Körpers gestärkt. Professor Dr. Jürgen Spona sieht Aminosäuren als natürliche Alternative und zumindest Ergänzung zu klassischen Antidepressiva an. Eine erhöhte Verfügbarkeit von Botenstoffen im menschlichen Körper führt zu positiver Stimmung. Während moderne Antidepressiva, die zudem oft Nebenwirkungen zur Folge haben, die vorhandenen Botenstoffe auf -chemischem Wege aufstocken, stellen Aminosäuren dem menschlichen Körper auf natürliche Weise genügend Baustoffe für die Synthese dieser Botenstoffe zur Verfügung. -Durch die Verabreichung von Eiweißbausteinen lassen sich schwere Depressionen selbst bei jenen Patienten verbessern, die schon mit Antidepressiva behandelt worden sind, so Univ.-Prof. Dr. Jürgen Spona. Diese natürliche Behandlung erlaubt häufig nicht nur eine Dosisreduktion, sondern in vielen Fällen sogar ein Absetzen der Psychopharmaka, macht Universitätsprofessor Spona Patienten Mut.

Das von Jürgen Spona in der renommierten Fachzeitschrift European Archives of Psychiatry and Clinical Neuroscience publizierte Ergebnis eines vierjährigen Forschungsprojektes zeigt, dass depressive Stimmungen durch Aminosäuren linderbar sind. Die Studie der Arbeitsgruppe von Univ.-Prof. Dr. Jürgen Spona, dem langjährigen Leiter des Ludwig Boltzmann Instituts für zelluläre Endokrinologie, Wien fand in Zusammenarbeit mit der Klinik für Psychiatrie der Medizinischen Universitätsklinik Graz und dem Vitalogic-Institut statt. Das Land Steiermark förderte das Forschungsvorhaben. Ein Ungleichgewicht von Aminosäuren kann zur Drosselung der Eiweißsynthese und in Folge zu Müdigkeit, depressiver Stimmungslage, Konzentrationsschwierigkeiten und verminderter Immunabwehr führen. Aminosäuren sind die kleinsten Bausteine der Proteinen. Eine erhöhte Verfügbarkeit von Botenstoffen im menschlichen Körper führt zu positiver Stimmung. Während moderne Antidepressiva, die zudem oft Nebenwirkungen zur Folge haben, die vorhandenen Botenstoffe auf „chemischem Wege" aufstocken, stellen Aminosäuren dem menschlichen Körper auf natürliche Weise genügend Baustoffe für die Synthese dieser Botenstoffe zur Verfügung. „Durch die Verabreichung von Eiweißbausteinen lassen sich schwere Depressionen selbst bei jenen Patienten verbessern, die schon mit Antidepressiva behandelt worden sind", schreibt Univ.-Prof. Dr. Jürgen Spona in seinem jetzt publizierten Beitrag. Diese natürliche Behandlung erlaubt häufig nicht nur eine Dosisreduktion, sondern in vielen Fällen sogar ein Absetzen derPsychopharmaka, macht Universitätsprofessor Spona Patienten Mut. Literatur: http://www.springerlink.com/content/v3847077166p7600/

Fisch entspannt, macht glücklich und schützt das Herz

Fisch enthält nicht nur die stimmungsfördernde Aminosäure Tryptophan, sondern auch reichlich herzgesunde Omega-3-Fettsäuren.Wer seinem Gemüt und seiner Gesundheit etwas Gutes tun möchte, sollte daher mindestens einmal pro Woche Fisch essen. Durch den lebensnotwendigen Eiweißbaustein Tryptophan, die unter anderem im Fischeiweiß vorhanden ist, wirkt sich Fisch positiv auf die Stimmung aus. Das menschliche Gehirn bildet aus Tryptophan das Gute-Laune-Hormon Serotonin. Bei gleichzeitigem Verzehr von kohlenhydrathaltigen Lebensmitteln, idealerweise Basmatireis oder Pellkartoffeln, die einen niedrigen GLYX aufweisen, nimmt das Gehirn das Tryptophan noch leichter auf. Das liegt daran, dass die Bauchspeicheldrüse durch die erhöhte Menge an Kohlenhydraten vermehrt Insulin ausschüttet. Das Insulin wiederum sorgt dafür, dass das Tryptophan schneller zum Gehirn gelangt. Doch Fisch kann noch mehr als nur für gute Stimmung zu sorgen: in Fisch sind reichlich Omega-3-Fettsäuren enthalten. Diese ungesättigten Fettsäuren haben eine wichtige Funktion als Schutz vor Herz-Kreislauferkrankungen und bei der Entzündungshemmung. Omega-3-Fettsäuren senken das Risiko für einen Herzinfarkt und wirken Thrombosen entgegen, in dem sie eine Verklumpung der Blutplättchen verhindern. Weiterhin senken die Omega-3-Fettsäuren die Blutfettwerte und hohen Blutdruck. Besonders die fettreichen Seefische wie Makrele, Lachs oder Hering enthalten reichlich Omega-3-Fettsäuren. Ideal ist es, in der Woche zwei bis dreimal eine Fischmahlzeit zu sich zu nehmen. Tiefkühl-Fisch ist eine gute Alternative zu frischen Produkten, besonders dann, wenn sich keine Möglichkeit bietet, an frischen Fisch zu kommen. Wer keinen Fisch mag, kann mit Fischöl-Kapseln (z. B. Ameu) seinen Bedarf an herzgesunden Omega-3-Fettsäuren decken.

Entspannungsvitamine - Lebensmittel

Safran -

Warme Milch mit Bienenhonig

Soja – Lecithin

Safran

Safran macht nicht nur „den Kuchen gelb", sondern Safran fördert auch das Wohlbefinden. Das Gewürz ist in der Lage, die Stimmung aufzuhellen, zu entspannen und stressbedingten Schäden vorzubeugen. **Safran** *(von Persisch* za'farān ان ___ ز, *„sei gelb", wissenschaftlicher Name Crocus sativus) ist eine Krokus-Art, aus deren im Herbst erscheinenden violetten Blüten die Stempel als das ebenfalls Safran genannte Gewürz gewonnen werden. Als Konzentrat und nicht als Lebensmittel eingesetzt, kann es sogar in die Behandlung von leichten bis mittelschweren Depressionen einbezogen werden. Nutzen Sie Safran regelmäßig in kleinen Mengen in der Küche und fördern Sie damit Ihr Wohlbefinden. In der Volksmedizin wurde Safran früher zur Beruhigung der Nerven oder gegen Krämpfe und Asthma eingesetzt. Eine Zulassung des Gewürzes als Arzneimittel scheiterte in Deutschland in den Achtzigerjahren - es fehlten die wissenschaftlichen Beweise, dass das Pulver tatsächlich die gewünschten Wirkungen erzielte. Erst in jüngerer Zeit veröffentlichten Forscher der Medizinischen Universität in Irans Hauptstadt Teheran drei Studien, die darauf hinweisen, dass Safran-Präparate Depressionen lindern könnten.*

An der Universität Münster haben Forscher herausgefunden, worauf die deutlichen Effekte von Safran auf die psychische Gesundheit zurückzuführen sind. *Bei wissenschaftlichen Experimenten mit tierischem Hirngewebe fanden sie heraus, dass der Inhaltsstoff Crocetin an bestimmte Rezeptormoleküle bindet, die die Reizweiterleitung zwischen Nerven steuern. Auf diese Weise beeinflusst Safran möglicherweise die Stimmung derart positiv, dass Depressionen gemildert werden. Safran wirkt recht rasch gegen Depressionen. Schon nach wenigen Tagen berichten Menschen, die täglich Safran über die Ernährung aufnehmen oder Safran-Nahrungsergänzungsmittel zurückführen über ein verbessertes psychisches Wohlbefinden.* Studien aus dem Jahr 2004 haben auch klinisch nachgewiesen, dass Safran bei leichten Depressionen harmonisierend und stimmungsaufhellend auf Körper und Geist wirken kann. Seit Jahrhunderten war Safran in der europäischen, ayurvedischen sowie traditionell chinesischen Heilkunde bestens bekannt und erfreute sich Dank seiner zuverlässigen Wirkung großer Beliebtheit. In allen Kulturkreisen wurde Safran bei Melancholie, nervöser Unruhe und stagnierender Lebensenergie angewandt. Studien aus dem Jahr 2004 haben nun auch klinisch nachgewiesen, dass Safran bei leichten Depressionen harmonisierend und stimmungsaufhellend auf Körper und Geist wirken kann. Safran wird im Iran, Afrika und Europa (Südfrankreich, Spanien, Griechenland, Türkei und Italien), vor allem im Mittelmeerraum, angebaut. Safran schmeckt leicht bitter-scharf, was aber in geringen Dosierungen als Gewürz im Gegensatz zur Färbenden Wirkung und der hervorragenden Wirkung auf die Psyche nicht zum Tragen kommt.

Warme Milch

Die Milch gehört zusammen mit Hühnereier und den Hülsenfrüchten – insbesondere den Sojabohnnen – zu den gesündesten Lebensmitteln überhaupt. Auch Sprossen sind sehr gesund – aber nicht so gesund wie die Milch. In der Milch stecken viele Inhaltsstoffe und sie ist das einzige Lebensmittel, dass für „junge Säugetiere" optimal zusammengesetzt ist. Die Warme Milch gehört zu den Klassikern der Volksheilkunde und den allgemeinen Tipps für Menschen, die unter Einschlafstörungen leiden. Heiße Milch – wenn Sie nicht zunehmen möchten, können Sie auch entrahmte (0,1 Prozent Fett) oder teilentrahmte Milch (1,5 bis 1,8 Prozent Fett) - mit Deutschem Bienenhonig ist ein altbekanntes Mittel zur Linderung von Einschlafstörungen. Ernährungsphysiologisch kann dies über den hohen Tryptophangehalt in Milch durchaus auch begründet werden. Tryptophangehalt pro 100 g verzehrbarer Anteil: Trinkmilch (3,5% Fett): 46 mg

Milch mit einem niedrigeren Fettgehalt etwas etwas mehr Eiweiß und damit auch Tryptophan als 3,5 prozentige Milch. Tryptophan ist eine lebenswichtige Aminosäure (Eiweißbaustein), aus der im menschlichen Organismus der wichtige Botenstoff Serotonin entsteht, der einen Einfluss auf die Schlaf-Wach-Regulation des Menschen hat. Eine wichtige Rolle bei der Wirksamkeit der heißen Honigmilch spielt der im Honig enthaltene Zucker. Erst durch ihn gelangt das Tryptophan ins Gehirn, wo es in Serotonin umgewandelt wird. Melatonin ist ein weiterer wichtiger Stoff zu dessen Bildung Tryptophan notwendig ist. Dass Melatonin eine schlafanstoßende Wirkung hat, ist nachgewiesen; allerdings ist diese nicht stark genug, um chronischen Schlafstörungen entgegen zu wirken. Typtophan hat also eine positive Wirkung auf den Vorgang des Einschlafens, da seine Einnahme den Zeiraum zwischen dem zu Bett gehen und dem Einschlafen verkürzen kann. Iwieweit der Tryptophangehalt einer Tasse heißer Milch mit Honig ausreicht, um diesen Effekt zu erreichen, ist fraglich. Möglicherweise spielt hier der Ritus (zur Ruhe kommen, abschalten) eine größere Rolle als der Tryptophangehalt. Andere Tryptophanreiche Lebensmittel:

Sojaeiweiß texturiert (TVP) 0,76 g/100 g 285 kcal/100 g
Sojabohne geröstet 0,44 g/100 g 359 kcal/100 g
Parmesan 0,42 g/100 g 440 kcal/100 g
Leinsamen frisch 0,41 g/100 g 372 kcal/100 g
Hefe 0,39 g/100 g 288 kcal/100 g
Sauermilchkäse Magerstufe 0,39 g/100 g 131 kcal/100 g
Emmentaler Vollfettstufe 0,37 g/100 g 383 kcal/100 g
Kürbiskern frisch 0,37 g/100 g 560 kcal/100 g
Chester 0,35 g/100 g 368 kcal/100 g
Tilsiter 0,34 g/100 g 354 kcal/100 g
Cashewnuß geröstet 0,34 g/100 g 595 kcal/100 g
Gouda 0,33 g/100 g 365 kcal/100 g
Rind Filet (Lende) (ma) frisch gegart 0,33 g/100 g 152 kcal/100 g
Edamer 0,32 g/100 g 354 kcal/100 g
Schwein Kotelett (mf) frisch gegart 0,32 g/100 g 211 kcal/100 g
Sonnenblumenkern frisch 0,31 g/100 g 575 kcal/100 g
Brathähnchen Schenkel frisch gegart 0,31 g/100 g 214 kcal/100 g
0,20 g/100 g 298 kcal/100 g

Soja

Die Sojabohne gehört zu den wichtigsten Ernährungspflanzen-Produkten überhaupt. Sie ist außerordentlich gesund und gewährleistet einen wichtigen Beitrag zur Weltwernährung. Sie liefert reichlich hochwertiges Protein und ist eine bedeutende Quelle für hochwertiges Fett. Aber sie enthält auch sekundäre Pflanzenstoffe – insbesondere hormonähnliche Substanzen, die auch als Phytoöstrogene bezeichnet werden – und die Wechseljahrsbeschwerden vorbeugen können. Außerdem ist die Sojabohne in der Lage, Herz-Kreislauferkrankungen und sogar bestimmten Krebserkrnankungen vorzubeugen. Zudem ist die Sojabohne eine wichtige Quelle für Lipamine. Diese auch als Lecithine bezeichneten Substanzen (deutsch: Lezithine, altgriechisch: λέκιθος = Eidotter) sind wichtige Bestandteile des Gehirns und der Nervenzellen. Dabei handelt es sich um Lipide, genauer Phospholipide, die sich aus Fettsäuren, Glycerin, Phosphorsäure und Cholin zusammensetzen. Lecithine sind Bestandteile der Zellmembranen tierischer und pflanzlicher Lebewesen. LIPAMINE kommen reichlich in Sojabohnen vor und sind für unseren Organismus lebenswichtige Substanzen. Unter dem Oberbegriff LIPAMIN (von LIPiden mit AMINoalkoholen) faßt die moderne Wissenschaft eine Gruppe von Grundbausteinen zusammen, die in jeder Zelle unseres Körpers vorhanden sind. Diese Bausteine bezeichnet man auch als Phospholipide. In bestimmten Situationen des menschlichen Lebens, wie während einer Krankheit, in der Rekonvaleszenz, bei ungesunder Lebensweise, unter Streß und besonders auch im Alter kann die natürliche Ausgewogenheit aus dem Gleichgewicht geraten.Dann kann eine zusätzliche Aufnahme von LIPAMINEN angezeigt sein. Die Lipamine aus Soja sind wichtig für die kognitive Leistungsfähigkeit, den Abbau von Stress und beugen altersbedingten Gehirnschädigungen wirkungsvoll vor. Die Sojabohne ist aber auch insgesamt ein besonders hochwertiges Lebensmittel:

Energie 416,3 kcal
Wasser 6,0 g
Eiweiß (34%) 35,1 g
Fett (37%) 17,4 g
Kohlenhy. (29%) 29,2 g
Ballastst. 8,9 g
Alkohol (0%) 0,0 g
mf. ung. FS 8,4 g
Cholest. 0,0 mg
Vit. A 100,0 µg
Carotin 0,6 mg
Vit. E 0,8 mg
Vit. B1 1,0 mg
Vit. B2 0,3 mg
Vit. B6 0,5 mg
ges. Folsäure 65,0 µg
Vit. C 34,3 mg
Natrium 6,0 mg
Kalium 628,0 mg
Calcium 346,0 mg
Magnesium 65,0 mg
Phosphor 531,0 mg
Eisen 7,8 mg
Zink 0,7 mg

Kräuter und Gewürze für Ihr Wohlbefinden, für Entspannung, gegen Schlafstörungen, Stress und Verstimmungen (Depressionen)
· Zimt
· Vanille
· Zitronenmelisse
· Hopfen
· Johanniskraut
· Safran
· Ackergauchheil
· Angelika
· Baldrian
· Bergamotte (Earl Grey Tea)
· Johanniskraut
· Melisse
· Zitronenmelisse
· Rosmarin
· Yams
· Mönchspfeffer
· Sternanis
· Betelnuss
· Passionsblume
· Safran
· Fenchel

Viele dieser Kräuter und Gewürze können Sie als Zutaten regelmäßig in der Küche verwendet und dadurch nicht nur den Geschmack und die Verträglichkeit der Speisen verbessern, sondern auch ihr Wohlbefinden steigern und entspannt und ohne Stress ihr Leben genießen. Lassen Sie sich in er Apotheke und dem Reformhaus einen entspannenden aber nicht einschläfernden Tee aus Zitronenmelisse, Johanniskraut, Rosmarin, Sternanis, Vanilleschote, Zimtstange, Hagebutte und Orangenschale mischen, den Sie warm trinken. Wenn Sie möchten können Sie den Tee mit Deutschem Bienenhonig, der voll von gesundheitsförderlichen Vitalstoffen ist oder Stevia (eine Blattpflanze mit süßschmeckenden Blättern, die Sie im Reformhaus, Bioladen, Direktversand erhalten. In gut sortierten Samenfachgeschäften können Sie auch Steviapflanzen kaufen) süßen. Sie können den Aufguss nach Geschmack auch eins zu eins mit Earl Grey Tee mischen, der Bergamotte enthält, die ebenfalls das Wohlbefinden fördert und herrlich angenehm riecht.

Autor: Sven-David Müller, M.Sc.
Medizinjournalist & Gesundheitspublizist
Master of Science in Applied Nutritional Medicine
staatlich anerkannter Diätassistent
Diabetesberater (Deutsche Diabetes Gesellschaft)

Zentrum und Praxis für Ernährungskommunikation, Diätberatung und Gesundheitspublizistik (ZEK)

1. Vorsitzender Deutsches Kompetenzzentrum Gesundheitsförderung und Diätetik e.V.

Berliner Straße 11c in 15517 Fürstenwalde/Spree

www.svendavidmueller.de
www.dkgd.de
www.muellerdiaet.de

Literatur: Beim Verfasser, Praxis der Diätetik und Ernährungsberatung, Haug Verlag, E. Lückerath und S.-D. Müller; Kalorien-Nährwert-Lexikon, Schlütersche Verlagsgesellschaft mbH, K. Raschke und S.-D. Müller; Glück – So genießen Sie jedem Tag, Schlütersche Verlagsgesellschaft mbH, A. Carlitscheck und S.-D. Müller; Entspannung – So genießen Sie jeden Tag, Schlütersche Verlagsgesellschaft mbH, A. Carlitscheck und S.-D. Müller

BEI GRIN MACHT SICH IHR
WISSEN BEZAHLT

- Wir veröffentlichen Ihre Hausarbeit,
  Bachelor- und Masterarbeit

- Ihr eigenes eBook und Buch -
  weltweit in allen wichtigen Shops

- Verdienen Sie an jedem Verkauf

Jetzt bei www.GRIN.com hochladen
und kostenlos publizieren